¡Lideraré el camino!

Joanne Mattern

Asesoras

Shelley Scudder
Maestra de educación de estudiantes dotados
Broward County Schools

Caryn Williams, M.S.Ed.
Madison County Schools
Huntsville, AL

Créditos de publicación

Conni Medina, M.A.Ed., *Gerente editorial*
Lee Aucoin, *Diseñadora de multimedia principal*
Torrey Maloof, *Editora*
Marissa Rodriguez, *Diseñadora*
Stephanie Reid, *Editora de fotos*
Traducción de Santiago Ochoa
Rachelle Cracchiolo, M.S.Ed., *Editora comercial*

Créditos de imágenes: Portada, págs. 1, 7, 9, 12, 15 Alamy; págs. 2–3, 4, 17, 25, 26 AGE Fotostock; pág. 14 Corbis; págs. 18, 24 Getty Images; págs. 19, 27 iStockphoto; págs. 6, 8, 10 The Granger Collection; pág. 11 Jonathan A. Meyers/Newscom; pág. 21 akg-images/Newscom; págs. 22–23 EPS/Newscom; pág. 20 ThinkStock; todas las demás imágenes pertenecen a Shutterstock.

Teacher Created Materials
5301 Oceanus Drive
Huntington Beach, CA 92649-1030
http://www.tcmpub.com
ISBN 978-1-4938-0541-9
© 2016 Teacher Created Materials, Inc.

Índice

¡Lidera el camino!	4
Los líderes se preocupan	8
¡Di algo!	14
Muchos líderes	16
Modelos	24
¡Sé un lider!	26
¡Enséñalo!	28
Glosario	30
Índice analítico	31
¡Tu turno!	32

Estos niños juegan a sigue al líder.

¡Lidera el camino!

¿Alguna vez has jugado a sigue al **líder**? Es un juego divertido. Alguien es el líder. Esa persona está a cargo. Lidera el camino para que otros lo sigan.

Los padres son líderes.

Los buenos líderes son justos. Tratan igual a todas las personas. Los buenos líderes también son bondadosos. Ayudan a los demás.

Los líderes toman buenas decisiones. Hacen lo correcto. Los líderes son **responsables**. Pueden escoger entre el bien y el mal.

Estos niños ayudan a su comunidad recogiendo papeles en 1942.

Los líderes ayudan a las personas a llevarse bien entre sí. Hacen reglas para que la gente esté segura. Se aseguran de que la gente siga las reglas. Los líderes trabajan duro para que el mundo sea un lugar mejor.

Líderes de la manada

Algunos grupos de animales también tienen líderes. Cada manada de lobos tiene dos líderes, una líder y un líder.

Eleanor Roosevelt

Eleanor Roosevelt fue primera dama. Era la esposa del presidente Franklin Roosevelt. Defendió a las personas que no recibían un trato justo.

Eleanor Roosevelt sirve sopa a personas necesitadas en 1933.

Los líderes se preocupan

Los líderes se preocupan por la gente. Ayudan a las personas necesitadas. También se preocupan por el mundo. Tratan de mantener limpias sus **comunidades**.

Estos niños recogen basura en un parque.

Los niños también pueden preocuparse por los demás. Pueden ayudar a otros niños necesitados. Pueden compartir sus alimentos con otros niños que pasan hambre. Pueden ayudar a recoger basura para mantener limpias sus comunidades.

Los líderes **respetan** a las personas que los siguen. Escuchan lo que la gente tiene que decir. Se llevan bien con otros. Los líderes también respetan a otros líderes.

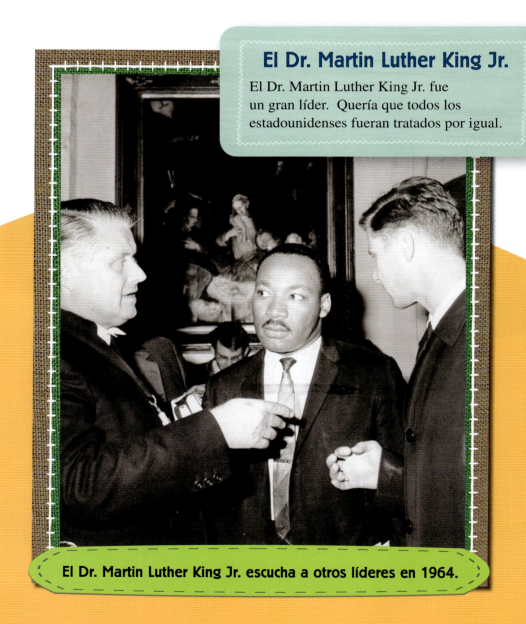

El Dr. Martin Luther King Jr.

El Dr. Martin Luther King Jr. fue un gran líder. Quería que todos los estadounidenses fueran tratados por igual.

El Dr. Martin Luther King Jr. escucha a otros líderes en 1964.

Los niños también pueden ser buenos líderes. Pueden mostrar respeto por los demás. Pueden escuchar a otros niños y ser amables con ellos. También pueden escuchar a sus padres y maestros.

Estos niños trabajan bien juntos.

Esta madre ayuda a sus hijos a llevarse bien.

Los buenos líderes intentan tratar con justicia a las personas. Hacen reglas que son justas para todos. Se aseguran de que la gente siga las reglas y se lleve bien con los demás.

Estos amigos se turnan para usar los columpios.

Los niños también pueden ser líderes si son justos. Pueden asegurarse de que a todos les toque un turno para jugar. Pueden compartir. Y pueden seguir las reglas.

¡Di algo!

A veces la gente ve algo malo. Tal vez alguien haya sido lastimado o tratado injustamente. Es posible que algunas personas no se detengan para ayudar. Los líderes se detienen para ayudar.

Este niño está siendo grosero con esta niña.

Los líderes quieren que las cosas sean mejores. Hablan si ven que alguien es **acosado**. Tratan de evitar que las personas se hagan daño entre sí.

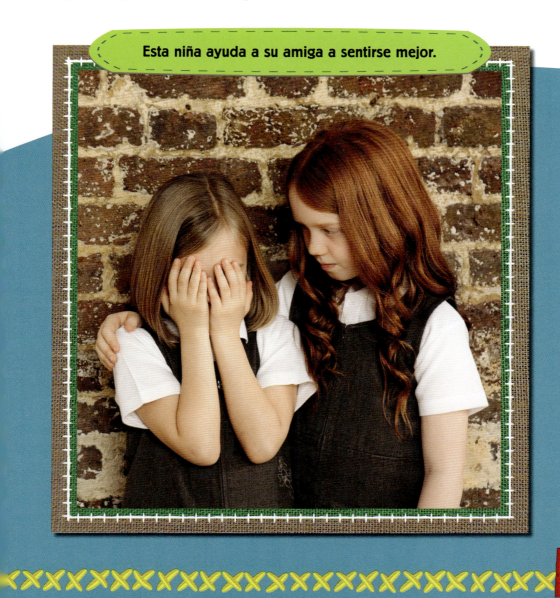

Esta niña ayuda a su amiga a sentirse mejor.

Muchos líderes

Los padres u otros adultos son líderes en el hogar. Son los encargados de hacer las reglas. Toman **decisiones** importantes para la familia. Cuando algo está mal, tratan de arreglarlo.

Esta madre enseña matemáticas a su hija.

Los niños también pueden ser líderes en el hogar. Pueden ser amables con sus hermanos y hermanas. Pueden ayudar a mantener su casa limpia haciendo sus quehaceres.

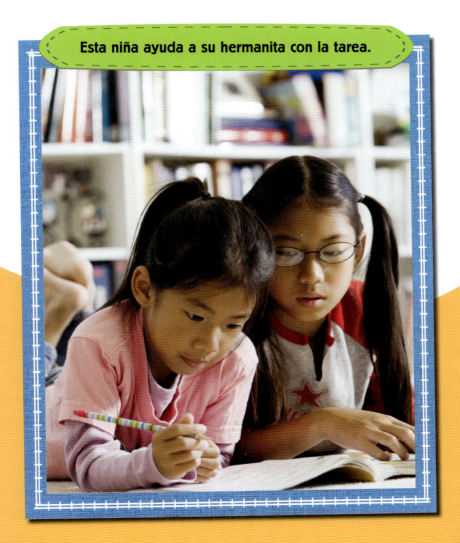

Esta niña ayuda a su hermanita con la tarea.

Este agente de policía de 1960 mantiene seguros a los niños.

Hay muchos tipos de líderes en una comunidad. Los agentes de policía son líderes de una comunidad. Se aseguran de que la gente siga las reglas. Los bomberos también son líderes de una comunidad. Ayudan a proteger a las personas.

Estas niñas están reciclando.

¡Recicla eso!

¿Sabías que las botellas de plástico pueden convertirse en un parque infantil? Esto se puede hacer si las **reciclas**. Muchas cosas como las botellas de plástico se pueden usar de nuevo para hacer otras.

Los niños también pueden ser líderes de una comunidad. Pueden mostrar a los niños más pequeños cómo seguir las reglas. Pueden limpiar un parque para mantener limpia su comunidad.

Nuestro país también tiene líderes. Un gobernador está a cargo de un estado. Un alcalde es el líder de una ciudad. Estos líderes ayudan a que nuestro país funcione sin problemas.

El primer presidente

George Washington fue el primer presidente de Estados Unidos. Era honesto, valiente e hizo lo que era mejor para su gente.

George Washington

El presidente es el líder de nuestro país. Toma decisiones importantes. También trata de mantener la paz con otros países.

El presidente Roosevelt (al centro) se reúne con los líderes de Rusia y Gran Bretaña en 1943.

En Estados Unidos, las personas escogen a sus líderes. Hacen esto en una **elección**. Los adultos **votan** por las personas que creen que serán los mejores líderes.

Poder para el pueblo

En algunos países, las personas se hacen líderes porque sus padres fueron líderes antes que ellos. Pero en Estados Unidos, los adultos pueden escoger a sus líderes.

Las personas buscan líderes que sean inteligentes y justos. También buscan líderes que trabajen bien con los demás.

Estas personas votan en una elección.

Esta maestra es un buen modelo a seguir.

Modelos

Los líderes dan buen **ejemplo** haciendo lo correcto. Las personas que son ejemplos para otras son llamadas *modelos a seguir*. La gente admira a los modelos a seguir.

Este niño ayuda a sus hermanas con su tarea.

Los padres y maestros son buenos modelos a seguir. Los niños también pueden ser modelos a seguir. Pueden dar buenos ejemplos a sus amigos y familia.

¡Sé un líder!

¿Cómo puedes ser un líder? Haz lo correcto. Habla en favor de los demás. Sigue las reglas. Respeta a los demás. Preocúpate por las personas y el mundo que te rodea. Da un buen ejemplo.

Estos niños están reciclando.

Toda comunidad necesita buenos líderes. ¿Serás un buen líder? ¿Cómo ayudarás a liderar el camino en tu comunidad?

Esta niña ayuda a su amiga.

¡Enséñalo!

Enseñar es una forma de ser un líder. Piensa en algo que sepas hacer bien. Luego, enseña a alguien menor que tú cómo hacerlo.

Este niño enseña a una niña a jugar un juego por computadora.

Esta niña enseña a otros niños cómo ser un líder.

Estos niños trabajan juntos.

Glosario

acosado: asustado o lastimado

comunidades: lugares donde grupos de personas viven y trabajan juntas

decisiones: opciones que tomas sobre algo después de pensar en ello

ejemplo: un modelo para que otros lo sigan

elección: el acto de votar por los líderes

líder: una persona que está a cargo y guía a otros

reciclas: haces una cosa nueva con algo que usaste antes

respetan: admiran a alguien que es bueno

responsables: que cuidan a alguien o a algo

votan: eligen en unas elecciones

Índice analítico

elección, 22–23

King, Dr. Martin Luther Jr., 10

maestros, 11, 24–25

modelos a seguir, 24–25

presidente, 8, 20–21

reglas, 7, 12–13, 16, 18–19, 26

respetan, 10–11, 26

Roosevelt, Eleanor, 8

votan, 22–23

¡Tu turno!

Sigue al líder

La madre en esta foto está siendo una líder al enseñar matemáticas a su hija. ¿Puedes pensar en un líder que te haya enseñado algo? Haz un dibujo del líder. Luego, escribe una frase contando lo que te haya enseñado.